¿Cómo se hace un suéter?

Grace Hansen

abdopublishing.com

Published by Abdo Kids, a division of ABDO, P.O. Box 398166, Minneapolis, Minnesota 55439.

Copyright © 2018 by Abdo Consulting Group, Inc. International copyrights reserved in all countries. No part of this book may be reproduced in any form without written permission from the publisher.

Printed in the United States of America, North Mankato, Minnesota.

102017

012018

 THIS BOOK CONTAINS RECYCLED MATERIALS

Spanish Translator: Maria Puchol

Photo Credits: Getty Images, iStock, Shutterstock

Production Contributors: Teddy Borth, Jennie Forsberg, Grace Hansen

Design Contributors: Dorothy Toth, Laura Mitchell

Publisher's Cataloging in Publication Data

Names: Hansen, Grace, author.

Title: ¿Cómo se hace un suéter? / by Grace Hansen.

Other titles: How is a sweater made?. Spanish

Description: Minneapolis, Minnesota : Abdo Kids, 2018. | Series: ¿Cómo se hace? |
    Includes online resources and index.

Identifiers: LCCN 2017946179 | ISBN 9781532106576 (lib.bdg.) | ISBN 9781532107672 (ebook)

Subjects: LCSH: Sweater industry--Juvenile literature. | Manufacturing processes--Juvenile literature. |
    Woolen goods--Juvenile literature. | Spanish language materials--Juvenile literature.

Classification: DDC 687--dc23

LC record available at https://lccn.loc.gov/2017946179

Contenido

El proceso de elaboración
de un suéter 4

El algodón 6

La lana 12

El producto final 20

Más datos 22

Glosario 23

Índice 24

Código Abdo Kids 24

El proceso de elaboración de un suéter

Los suéters se pueden hacer de muchos materiales diferentes. Los dos materiales más populares son el algodón y la lana.

4

El algodón

El algodón es una planta. Crece en los campos de algodón. Se **cosecha** cada año. El momento de recolección depende de dónde se cultiven los campos.

Las semillas y el algodón se separan de la **cápsula**. Las semillas se mandan a la **máquina desmontadora** donde se secan, se limpian y se separan del algodón.

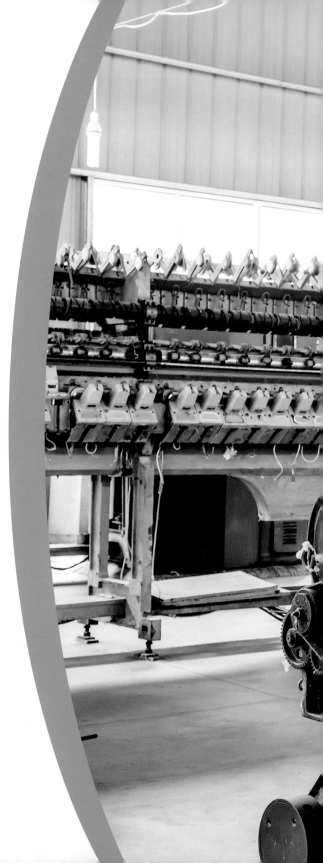

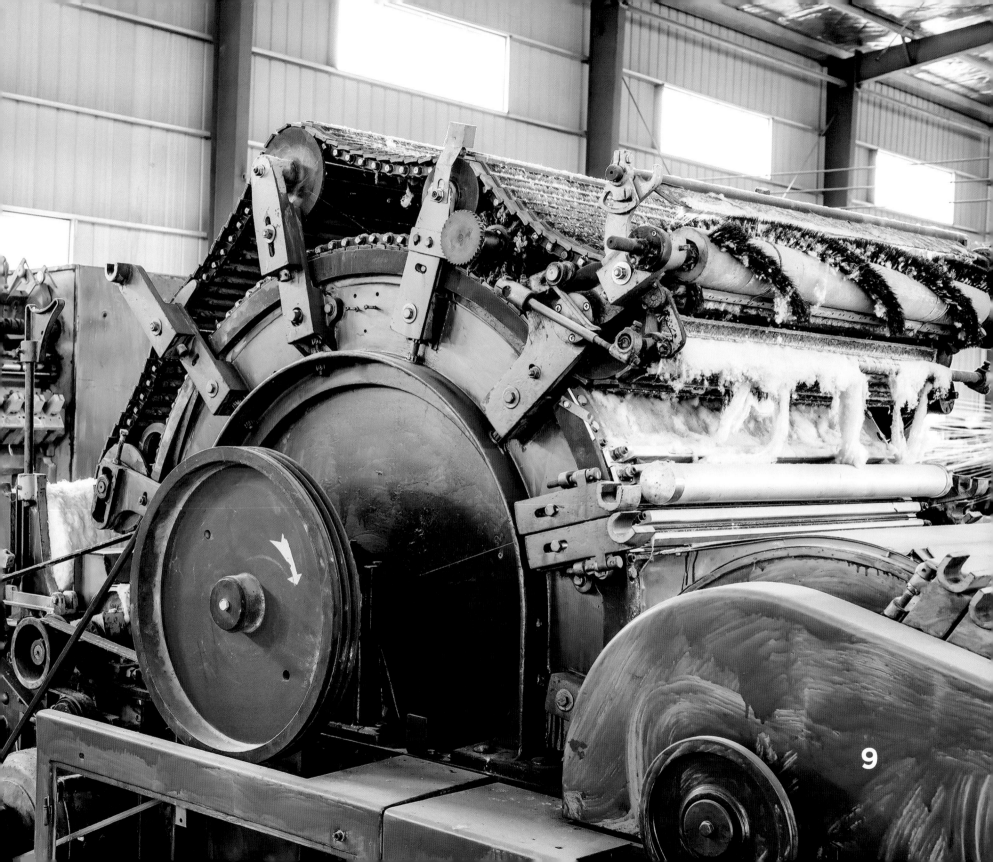

9

El algodón entonces se manda a una **fábrica textil**. Aquí se limpia otra vez, se cepilla, se hila y se entreteje para convertirlo en hilo. Los telares son máquinas que tejen las fibras y las preparan para hacer ropa.

La lana

La lana viene de las ovejas. Las ovejas producen mucha lana todos los años. Las mantiene calientes durante el invierno.

Al final del invierno se trasquila a las ovejas. Se hace justo antes de que, de manera natural, ellas mismas se desprendan de esa lana.

15

La lana entonces se lava con agua y jabón y se cepilla. Al cepillar la lana se hace más suave. Después se tiñe.

Después se juntan muchas hebras y se hilan para crear la lana. Así se convierte en un material muy resistente.

El producto final

Algunos suéters se tejen a mano, pero la mayoría los hacen máquinas.

Más datos

- Fred Rogers fue presentador de televisión, fue famoso por el programa infantil *Mister Rogers' Neighborhood*. Salía con un suéter diferente en cada episodio, muchos de ellos se los había tejido su madre.

- Hay una técnica para tejer que en inglés se llama Fair Isle. Se usan dos o más colores de lana al mismo tiempo y crea un diseño repetitivo.

- La técnica para tejer que en inglés se llama Intarsia se usa para hacer un diseño en el frente de un suéter.

Glosario

cápsula – cubierta redonda donde están las semillas de una planta.

cosecha – recolectar un cultivo.

fábrica textil – empresa que elabora tela o algún tipo de ropa.

máquina desmontadora – máquina que separa las fibras de algodón de las semillas.

trasquilar – cortar la lana de las ovejas u otro animal.

Índice

algodón 4, 6, 8, 10

hilo 10, 18

lana 4, 12, 14, 16, 18

limpiar 8, 10, 16

oveja 12, 14

semillas 8

tejer 20

trasquilar 14

Abdo Kids
ONLINE
FREE! ONLINE MULTIMEDIA RESOURCES

¡Visita nuestra página
abdokids.com y usa este código
para tener acceso a juegos,
manualidades, videos y mucho más!

Código Abdo Kids:
HHK0444